商周兩漢彝器全圖拓本

商周兩漢彝器圖拓本

馬國權

新安程氏信寶堂所臧

彝器圖經拓本

余與木庵交於道光乙未冬木庵小住吾林偶見其治家手拓彝器全圖為吳康甫物即屬康甫為予拓越年春過余至杭遂訂交焉即過至其家來先後凡三載竟成手若就器之小者拓來是冊并許先端

商周兩
凌旅器

全圖

道光壬寅日長至

六舟大法師屬題即政

歙吳雲蔆書于述古堂

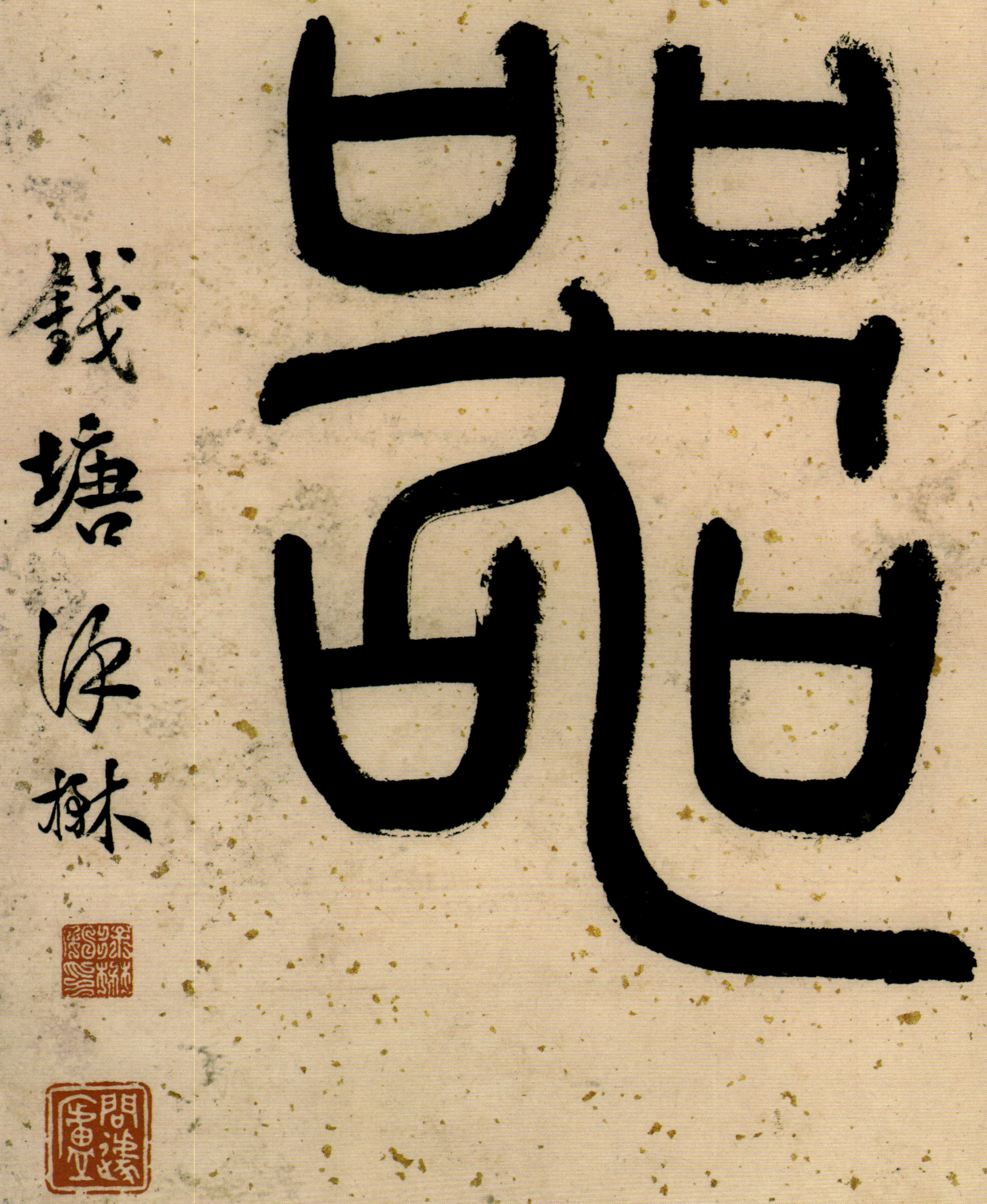

道光歲星第二次在大梁斗柄
指亥獲見

經

滄浪亭埽葉僧手拓裝池屬篆額字 楙注

摹古圖
戊戌春王
二月僑居
吳下滄浪
亭寫奉
六月畫友
之屬
憩雲寉

絕

庚子三月廿四日 李頓

技

六舟金石圖印

正嚴

磨塼作鏡之室
六舟禅師属写
戊戌春日李璿

祭技圖奉
六舟老画友雅屬
慧雲汪寀

古人讀書必兼圖自禹經度而畫範不可改易書之有拓本昉於宣和博古圖摹勒而成已非廬山面目訂古者要由度其尺寸淺深形象耳戊戌二月小住溪源亭覆觀

六舟禪友所拓彝器圖經，爲從來著錄家所未有，以是示徵於經，考古制，悅器量，置身於清廟明堂之古人相揖讓於間。六舟此圖可助於經學甚鉅矣。鉅誤作距

諸城李璋煜跋

尊是原尊壺即壺真
形拓出異描摹商周法
物傳千載勝覽宣和博
古圖　中丞託作滄浪
主相國呼爲金石僧來

靚居龍真技倆只題詩

畫貫休能 六公考訂金石爲專

家拓古彝器尤其絶技詩畫乃餘事耳

六舟上人訪余荆溪出彝器圖册見示

索題絶句二首奉 正時道光庚子三月十

一日梅花居士高彥槐并識

平生結契詩何多金石刻畫唯頭陀
性情蕭冷骨孤傲摹拓斑剝影摩
挲商周漢魏無不有位置長几供維
摩騰懸金剛役龍象二十八宿胸中
羅剔影攀爬志堅忍目穿寘窠心
旁波鐫文万種窮形考證篆籀而外
尋斗斛淋漓黽什編摹搨精
光射人眸塵摧深林月暗魑魅慴

天倉瘞鶴題妝靨蛟盤蝙蝠舞甍雙冶
窮翱鳳翥穿青冥四千年來禹背
董六師將步雅殿阿山樓夜靜默
搨橋師先佛印吾坡樓東方宗
粟一室搨東方蒙雙聯飛鴻詠快佳古
樓殿鐘鼎續傳千載檢除夕不歸去
佛笑癡顛性癖如黃粱之眼福行
天與師之壽誕何時癡不妨留兒作長卷一
幅吾將藏煙蘿

六舟大師屬題時丁酉除夕

瑗臺仙客楊鐸

張世南游宦紀聞款謂陰字是凹入者識謂陽字是挺出者

博古圖款在外識在内夏器有款無識商器無款有識

吉金繪圖古已有之逮器上拓出而形象曲合繪事制作不差豪氂足資攷定之真更渾描摹之跡者則海鹽吾宗南村先生克明始擅

其長識前人所未有極今日之能事矣先生没其猶子粟園暇能繼之兩世皆館東武劉燕庭廉訪家余嘗徧觀所拓古雅靜穆真不啻在三代几席間也　六舟上人更以完紙成之尤極精能雖有巧者不能出其心思已展冊讚歎書此歸之

丙午九月癸未朔山左陳介祺記於寶簠齋

吉金与貞石並重而流傳之久金難於石者數倍石有盡而泐
金則為人銷爍也宣和博古圖所載薛尚功鐘鼎款識所傳
存者雖多毀者不知凡幾矣余昔在京師獲觀
太學所領古彝器及
西清古鑑琅嬛師相在
南齋日与趙渔士侍郎手搨
大內彝鼎文字常置余案頭每一展玩如置身商周間与
聖賢相揖讓也方外
六舟上人精於金石所得古甎極多又以生平所見吉金文字
拓為茲冊出以相示屬為品題吾杭金石之學自龍泓老人

後專家絕業斷不多人上人兼工六法深於考訂有為諸賢
集大成之意他日所得更廣摹拓更多考證明晰加箋釋
焉余所識老輩若翁覃溪錢獻之武虛谷黃小松張芑堂皆有
金石文字以上人著錄參伍其間諸家不得專美於前矣因
書數語歸之
道光丁酉小除夕前三日錢塘陳文述書於吳門寓舍

商彝周鼎費披尋好古人多互著書誰具靈心
兼妙手烏金精搨搨烏金
丹詮少薇保甫觀并題

[illegible]爲平湖朱建卿助教長物六舟拓于京師之古興誠寺

周父乙卣

周子孫執東卣

周子卣

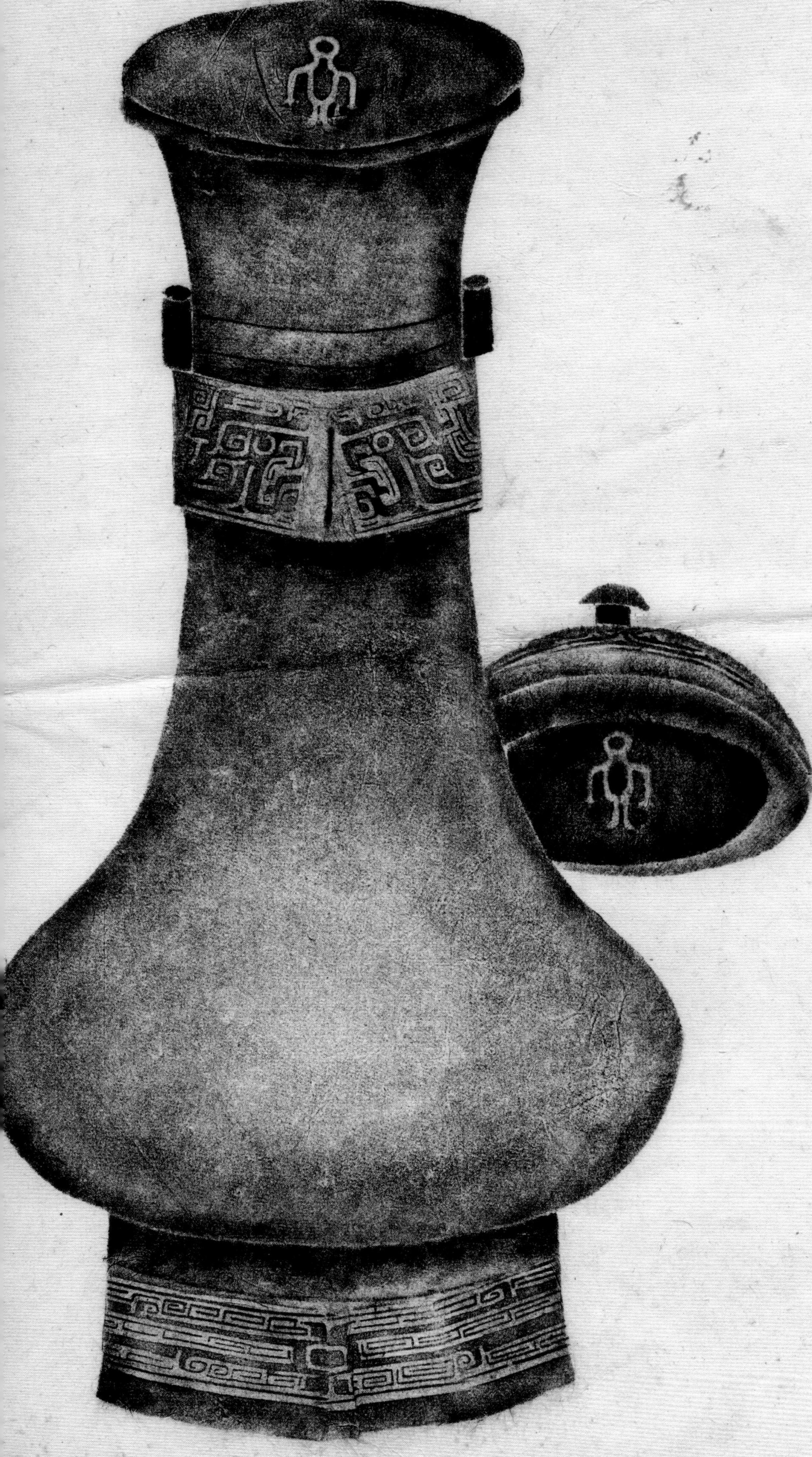

潐子壺

吳門顧氏物

[illegible]
[illegible]

商鉞斧卣

周伯樊彝

商雞月父尊

周敦

商[阝亯]尊

積古齋
編入商

此贋必出龔石翁購於清心閣

周畾文鼎

審是形制當屬漢物非周器也　鍊菴志

周成周爵

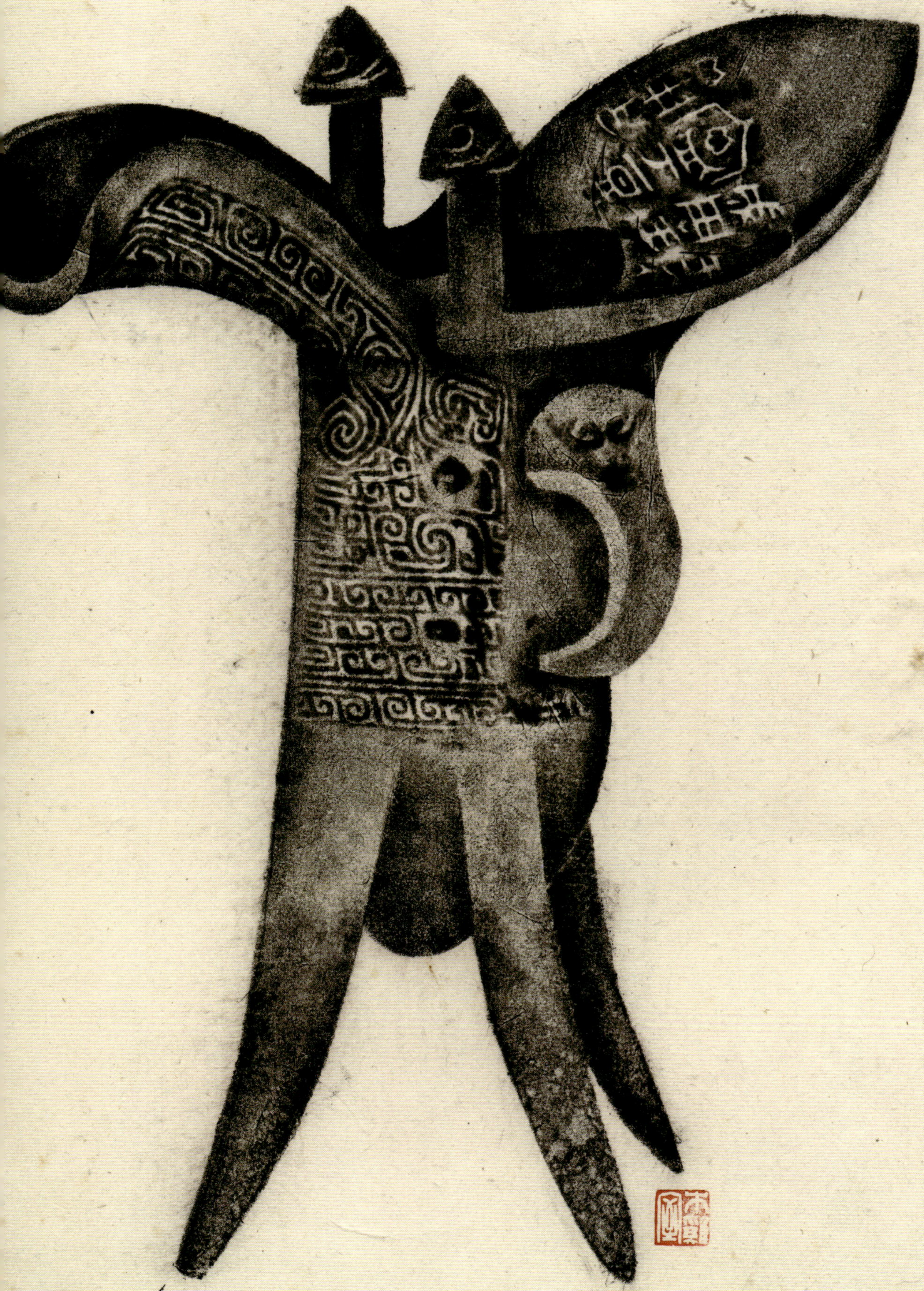

腹内有字之爵絕少而此多至二十許尤可寶也初為毛樹美所藏既而歸王生松庭今歸曹氏懷米山房皆吳人 楙

周子孫母爵

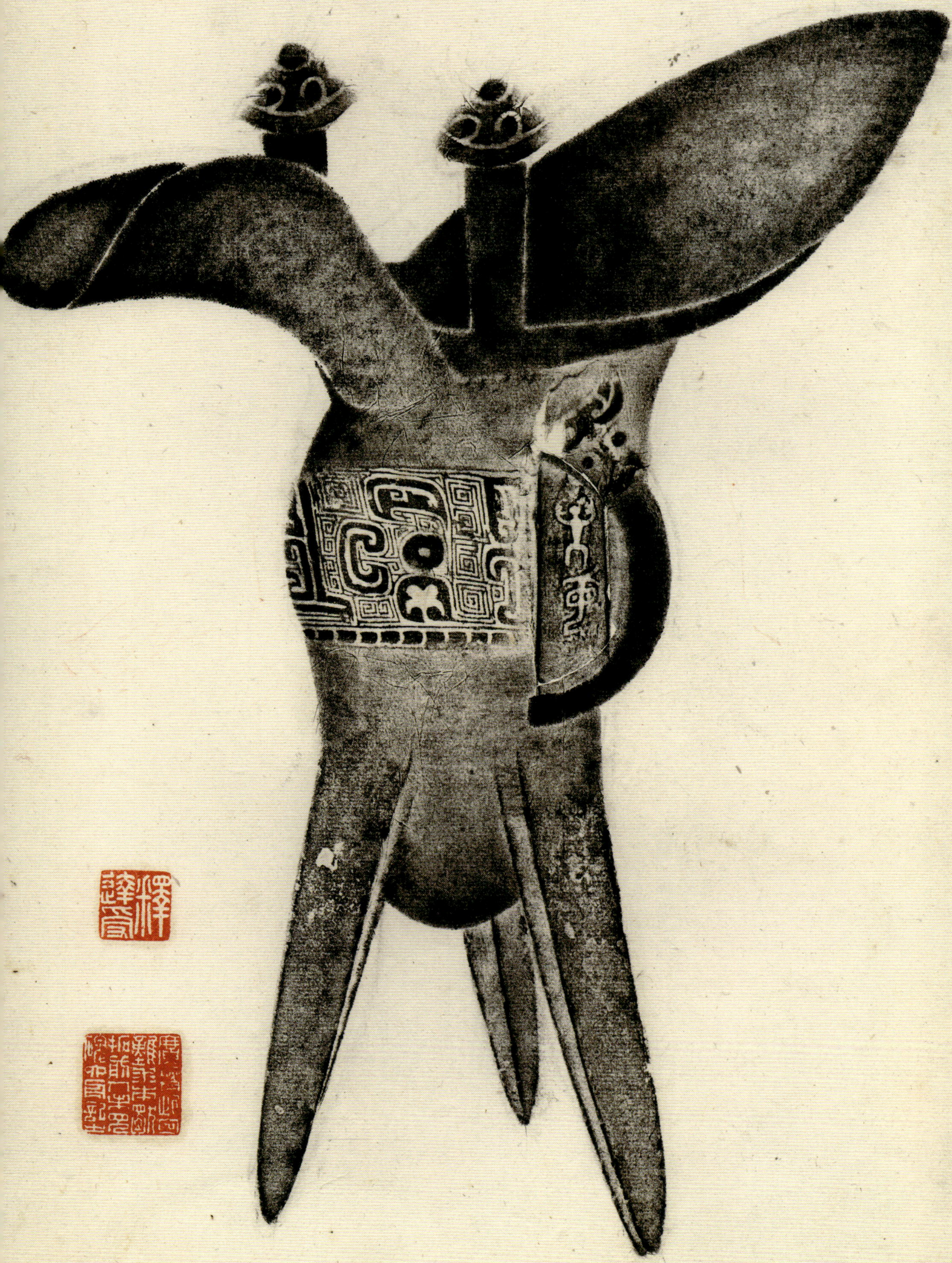

漢陶陵鼎兩面形

是鼎
義

阮文達公捨鎮焦山定慧禪寺

漢亞形卣

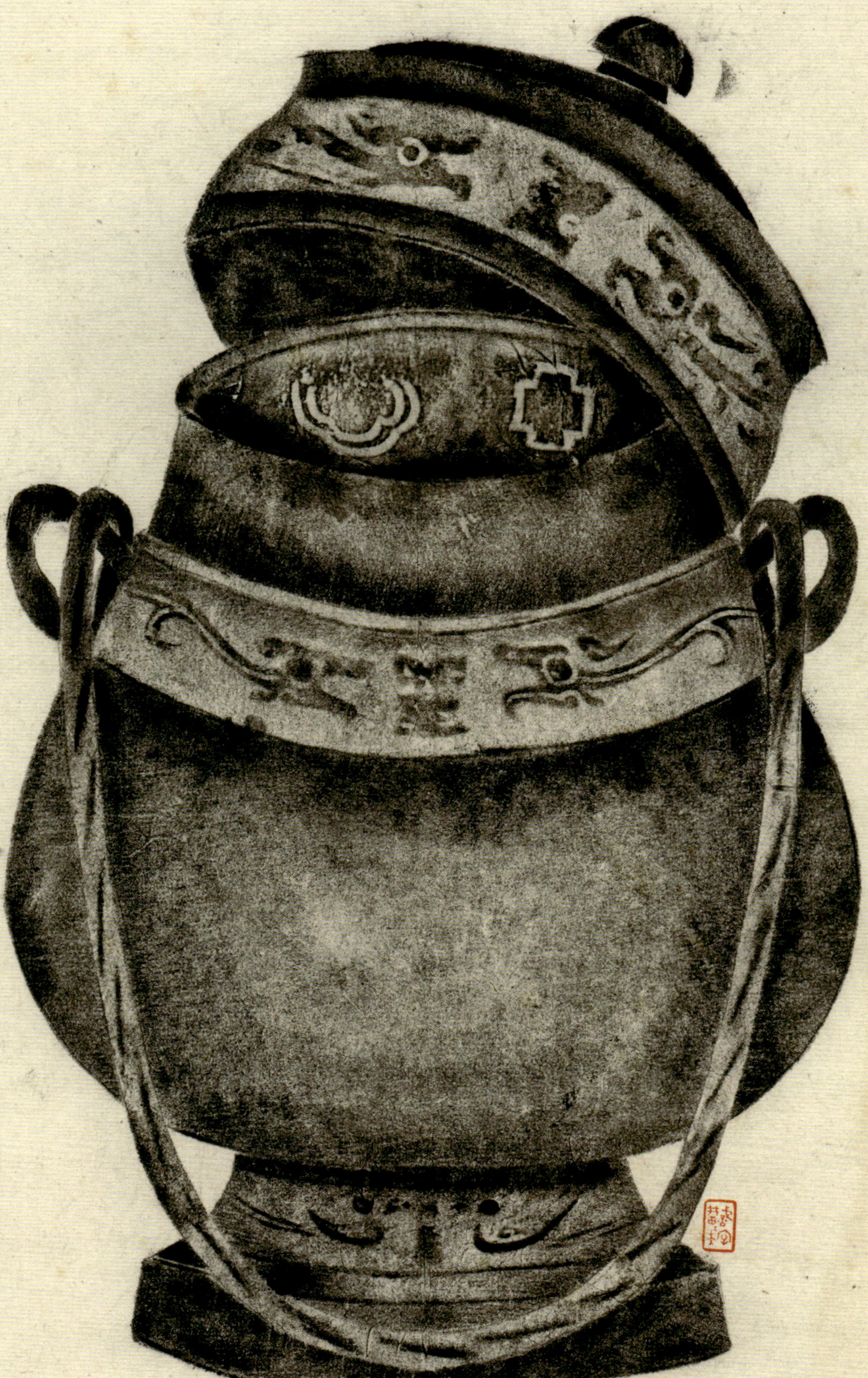

漢鬲

漢尊

瀟尊

漢壺

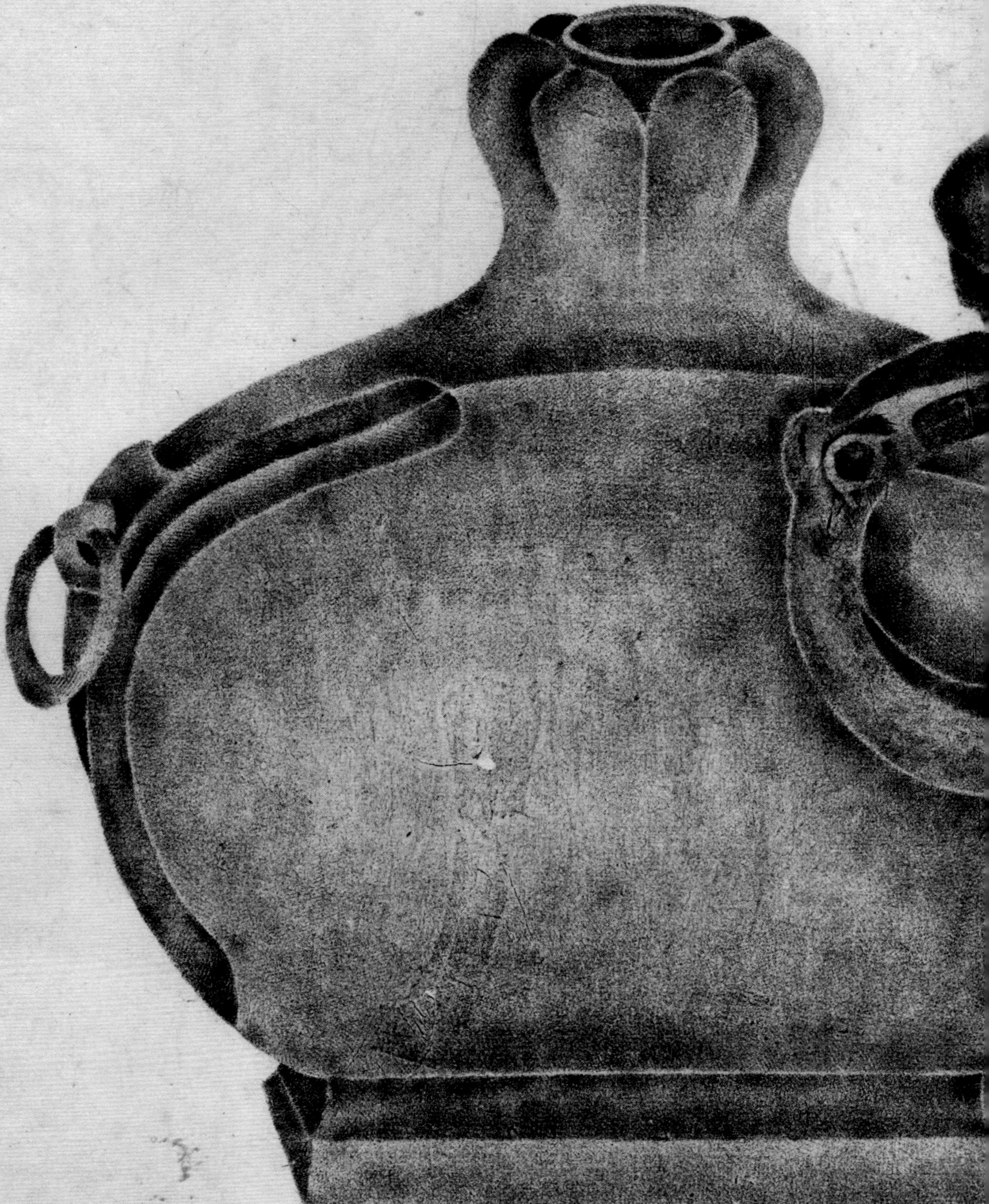

周宮令鐘

戊申夏日拓於京師興誠寺

六舟注

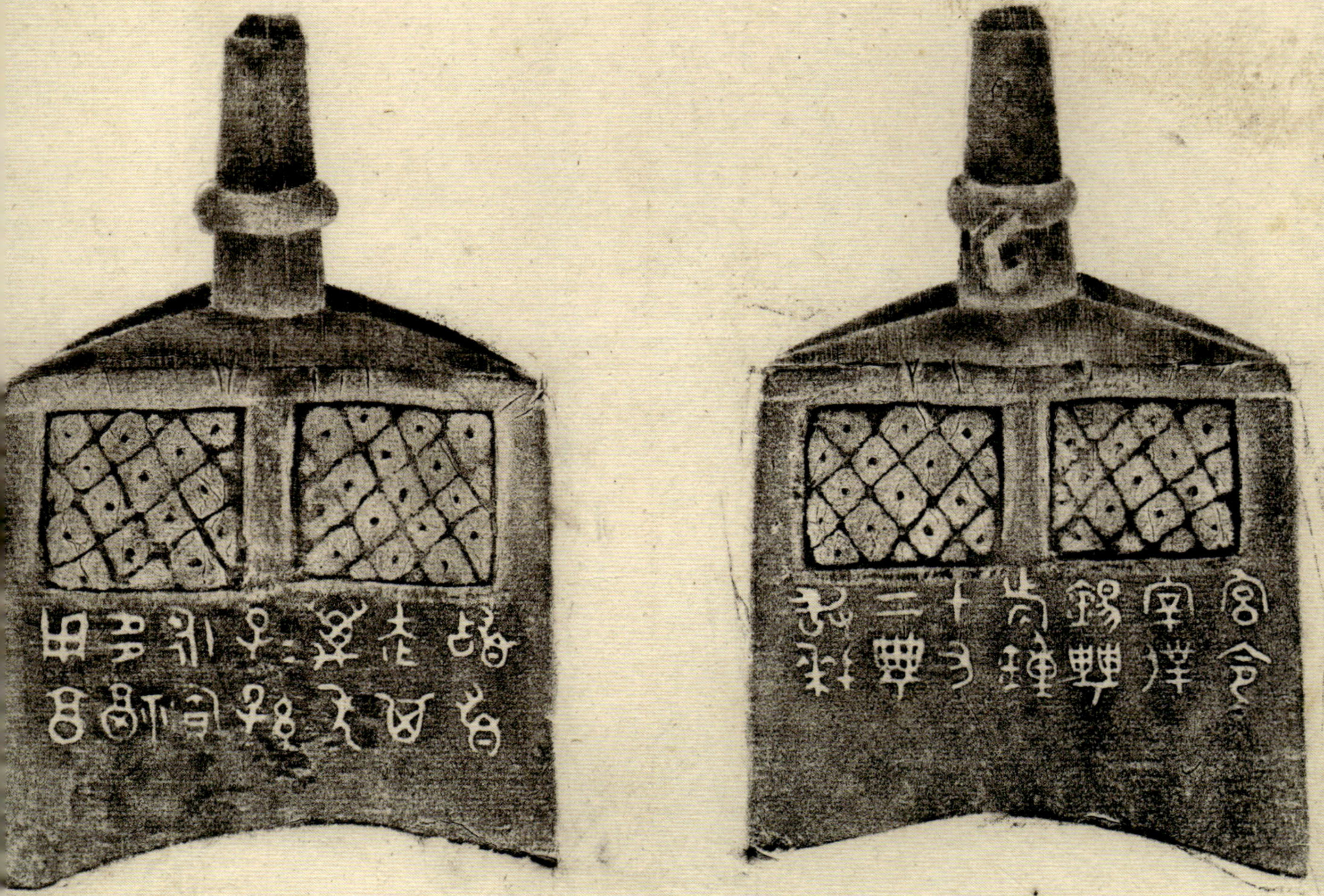

周鄭井尗鐸

漢博山鑪

漢博山鑪

漢膠斗

漢雞量匜

宋楊和王家廟鼎

宋西忠藏王豆

元至正爵兩靣全形

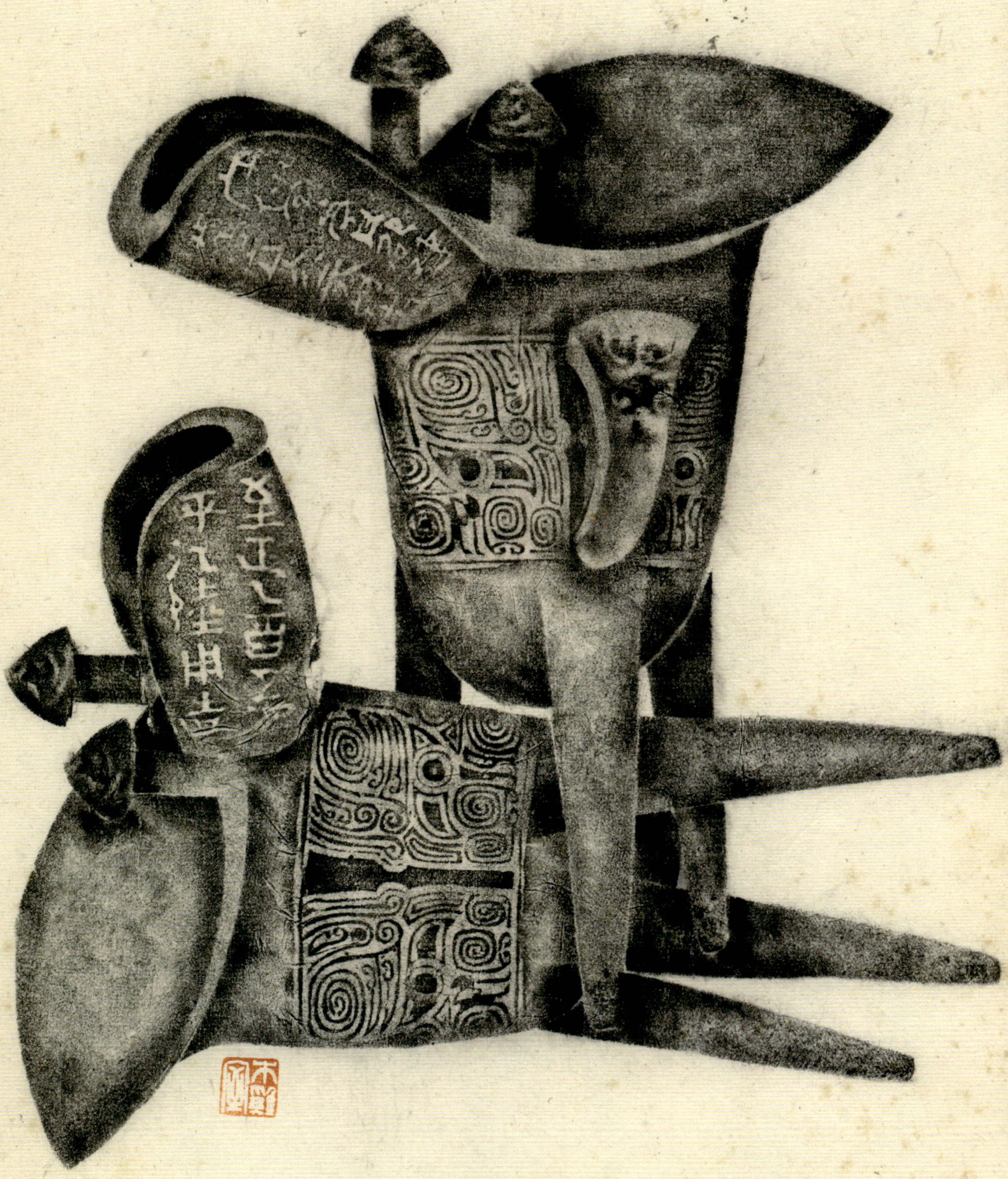

碑帖以宋搨為貴至吉金古木則惟見
阮文達公所收宋王復齋鐘鼎款識一冊以罕
見珍然其搨法實未若近今也至於古器
形制見於宣和博古圖諸書者皆出繪畫
近乃亦以墨搨為之更為突過前人
六舟上人尤精此事款識之文精神畢露
所不待言迺能於大幅長卷雜列各器俛
仰相承澹濃互映廉深闊奄之制雷回

饕餮之文濡脱逼肖為繪畫所不能到且
以巨紙搨取器中深處之字而無煩補綴
不獨古無是法即近今之工是技者亦咸
遜其巧妙搨法於此殆歎觀止可謂前無古
人矣咸豐乙卯孟冬無棣吴式芬識

外舅李方赤廉訪守蘇郡時識六舟上人於滄浪
亭因以墨本見寄遂為方外金石友後聞上人以所
住廟基為人所侵返浙遂久不通問今來都寓宣
武城南之龍樹寺與呂堯仙昆仲共訪之徧觀所
藏欣喜不已此冊為程木菴家所藏器上人曾為其
拓四長卷余為題之惜真偽雜糅且多無款識者
故以不論者寓去取微意今觀此冊真如重見故人

六舟拓商周兩漢彝器全形圖

寶玥齋 編

西泠印社出版社

六舟拓商周兩漢彝器全形圖

寶珊齋 編

西泠印社出版社

木鷄室藏六舟拓彝器全形圖册賞介

一

僧六舟（一七九一—一八五八）是早期全形拓最具代表性的人物之一。二〇一四年，由浙江省博物館編纂的《六舟——一位金石僧的藝術世界》展覽圖録收録其全形拓本二十種。近年來，筆者又陸續收集到一些拓本圖像資料，其中以日本伊藤滋先生木鷄室珍藏的六舟拓彝器全形圖册文獻資料價值爲最高。

是册係日本篆刻家園田湖城舊藏，含題跋等凡四十二開，收録古器物全形拓本二十八種。册首有清道光年間吴江吴汝庚（巽先）及今人馬國權篆書題籤，又六舟、吴雲蒸、徐楙篆書題耑，汪鶴（憩雲）繪《摹古圖》《祭技圖》，李璿繪《磨磚作鏡之室圖》，以及湯貽汾所題隸書『絶技』二字。另有李璋煜、齊彦槐、楊鑄、徐楙、陳介祺、陳文述、嚴保庸、吴式芬等名家題跋。道光十五年（一八三五），應江蘇布政使陳鑾之邀，六舟至吴門主滄浪亭，前後六載，其間與吴中名士往來甚契，從以上各家題跋落款時間和地點看，主要集中于這一時期。

吴汝庚所題舊籤，後人重裱時移至扉頁，題云：『商周兩漢彝器全圖拓本，六舟大師所藏，巽先吴汝庚題僉。』今封面伊藤滋先生題籤『金石僧六舟拓商周兩漢彝器圖册』及馬國權先生題籤『商周兩漢彝器圖拓本』，應是沿襲了吴氏舊籤的定名。然而，册中收録的宋楊和王家廟鼎、宋岳忠武王豆、元至正爵，皆爲後世仿古禮器，名實不符，改題『六舟拓彝器全形圖册』似較爲貼切。

是册有六舟篆書題耑『新安程氏剛古堂所藏彝器圖經拓本』。新安程氏即程洪溥，字麗仲，號木庵，安徽徽州（今歙縣）人，其齋號『銅鼓齋』最爲世人所悉，『剛古堂』則文獻僅此一見。程氏家富收藏，所藏三代彝器不下千種，趙之謙曾將程氏銅鼓齋與劉喜海嘉蔭簃、吴榮光筠清館、葉志詵平安館，并稱爲乾嘉以來海内金石收藏四大家。

據六舟自編年譜《寶素室金石書畫編年録》記載，道光十六年（一八三六）初，經吴廷康引薦，六舟與程洪溥相識于杭州，隨即約定是年二月同往徽州，傳拓程氏家藏銅器。六舟先後于道光十六年（一八三六）、二十年（一八四〇）、二十一年（一八四一）、二十二至二十四年（一八四二—一八四四），數度赴徽州，寄宿銅鼓齋，爲程洪溥傳拓藏器數量頗爲可觀，并裱成長卷若干種。六舟在木鷄室藏册篆書題耑後有一段自跋，叙及兩人相識經過，并提到乃以銅鼓齋藏品中『器之小者，拓成是册』。不過，通覽册中所收銅器，却并非全爲程氏舊藏之物。如第一種西周早期父己卣，爲平湖朱善旂藏物，見《敬吾心室彝器款識》著録。拓本旁有六舟自注：『器爲平湖朱建卿助教長物，六舟拓于京師之古興誠寺。』據《寶素室金石書畫編年録》載，道光二十五年（一八四五），六舟曾北上，旅居北京年餘，與當時在京的金石學家葉志詵、何紹基、吕佺孫、陳介祺、潘曾綬、朱善旂等多有交往，此即寓京期間爲朱善旂藏器所拓。册中陳介祺兩跋，也作于同一時期。此外，如漢子壺，係吴門顧氏物；商隲尊，爲錢塘瞿世瑛清吟閣藏物；周成周爵（今作盂爵），道光年間爲曹氏懷米山房藏物；漢陶陵鼎，則爲阮元舊藏，後捐置焦山定慧禪寺，皆非程氏所藏無疑。然六舟題耑和陳介祺等諸家題跋均言所拓爲木庵藏器，頗令人費解。

程氏銅鼓齋的大部分收藏，已毁于太平天國戰亂。兵燹之後，其後人雖盡力搜尋，也僅得周史頌鼎（今藏上海博物館）等二三種舊藏而已。不過，陳介祺在題跋中言及程氏藏器『真僞雜揉，且多無款識者』，恐怕是實情。如是册收録的商隲尊，旁徐楙題記就明確指出係贋作。又如周鄭井叔鐸、周宫令鐘，前者疑似在無款器上添刻銘文而成；後者係據宋人著録的周聘鍾爲底本僞造，原器銘文十六字，此又增刻『走其萬年子子孫孫永寶多福用享』十四字。像此類作僞情况，張廷濟在《清儀閣題跋》中曾有揭露：『或真器贋蓋，或真蓋贋器，或剜真古文數名，陷置他器，種種狡獪，不一而作，收者不省，即獲重值。』陳介祺是晚清首屈一指的金石鑒定大家，應已覺察到册中有贋品雜入，故其題跋中有『古器日出不窮，僞者近倍亦增，真好古之障。吾願上人披沙揀之，勿輕費筆墨，則信今傳後，益爲有徵，與至寶同爲不朽矣』諸語，雖措辭委婉，似也意有所指。

二

六舟傳拓古器全形，在當時可謂盛譽滿天下。吴式芬與六舟雖『神交垂廿年』，但面晤較晚。咸豐四年（一八五四）十月，吴式芬出任浙江學政，始與六舟相識于杭州。咸豐六年（一八五六）二月，吴式芬在杭州爲《寶素室金石書畫編年録》所作序中，評價六舟所拓全形『肖形繪影，無弗工也』。是册中，吴氏在跋文中更是盛贊道：

> 碑帖以宋拓爲貴，至吉金古本，則惟見阮文達公所收宋王復齋《鐘鼎款識》一册，以罕見珍，然其拓法實未若近今也。至于古器形制，見于《宣和博古圖》諸書者，皆出繪畫，近乃亦以墨拓爲之，更爲突過前人。六舟上人尤精此

事，款識之文，精神畢露，所不待言。乃能于大幅長卷雜列各器，俯仰相承，澹濃互映，廉深閎奄之制，雷回饕餮之文，濡脱逼肖，爲繪畫所不能到。且以巨紙拓取器中深處之字，而無煩補綴，不獨古無是法，即近今之工是技者，亦咸遜其巧妙，拓法于此，殆嘆觀止，可謂前無古人矣！

六舟所拓古器全形，往往墨色濃重，造型逼真，拓法在當時堪稱精湛，和早期其他諸家相比，確實在技術上高出一籌。以是册收録的周成周爵爲例，此爵的作器者與大盂鼎作器者爲同一人，銘文二十一字，爲傳世商周青銅爵中銘文字數最多者。初爲毛慶善（叔美）所藏，道光年間歸曹氏懷米山房，二十世紀初流落日本，歸京都小川睦之輔。吴式芬《攈古録》、吴大澂《愙齋集古録》、羅振玉《海外吉金録》、郭沫若《兩周金文辭大系圖録考釋》、劉體智《小校經閣金石文字》、容庚《商周彝器通考》、陳夢家《西周銅器斷代》等均有著録。今以六舟全形拓本和原器照片并觀，拓本比例大致合理，傳真程度確實較高。（圖一）

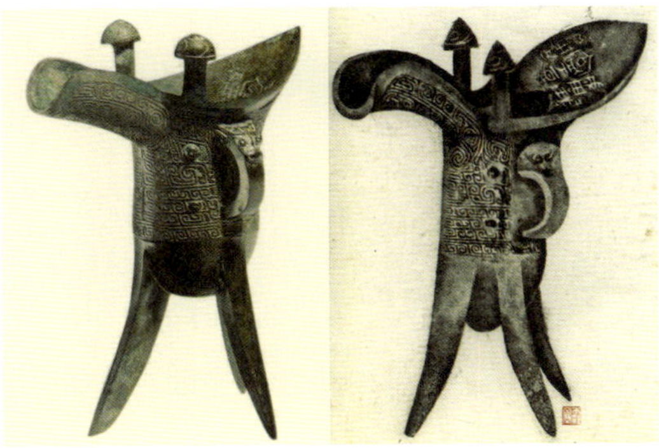

（圖一）

陳介祺在題跋中明確提及六舟拓本係『以完紙成之』，吴式芬在跋中也提到其『以巨紙拓取器中深處之字，而無煩補綴』。由此可見，六舟拓本在當時之所以備受推崇，引來廣泛的贊嘆稱奇，應與其創新用整紙傳拓不無關係。

六舟全形拓本中還常見將同一器物從不同角度傳拓呈現的構圖方式。如浙江省博物館藏《剔燈圖》，畫面上即分別傳拓了西漢竟寧元年（前三三）雁足燈側面和倒置兩個角度。是册收録的漢陶陵鼎、元至正爵，也皆作類似處理，這顯然是爲了使觀者更全面地瞭解器物原貌而有意爲之。

三

關于全形拓的起源，據徐康《前塵夢影録》所言，是由浙江嘉興人馬起鳳（傅岩）創始，釋六舟乃得其傳。

馬起鳳，原名宗默，字傅岩，號清逸老人，齋號課耕齋、小死軒，浙江嘉興人。馬起鳳所拓全形，傳世罕見。《金石屑》刊刻有一種漢洗全形，有嘉慶三年（一七九八）馬氏題記。二〇一三年，北京某拍賣會上曾出現馬起鳳所拓周舉父辛尊及魯侯角全形拓本，是難得一見的馬氏全形拓實物。

馬起鳳和六舟同爲浙江嘉興人。六舟生于乾隆五十六年（一七九一），卒于咸豐八年（一八五八）。馬氏生卒年文獻記載不詳。今北京故宫博物院藏馬起鳳手拓南朝梁要離、梁鴻殘碑軸上有咸豐十一年（一八六一）自跋，落款云『時年六十有二歲』。照此推算，應生于嘉慶五年（一八〇〇），小六舟九歲，且又晚于六舟過世，因而兩人之間是否存在師承關係，值得商榷。

對于全形拓的始創者究竟爲何人，陳介祺則另有一説，見木鷄室藏册道光二十六年（一八四六）其所作題跋：

吉金繪圖古已有之，從器上拓出而形象曲合，繪事製作不差豪厘，足資考定之真，更渾描摹之迹者，則海鹽吾宗南叔先生（克明）始擅其長，誠前人所未有，極今日之能事矣。先生没，其猶子粟園（畯）能繼之，兩世皆館東武劉燕庭廉訪家，余嘗遍觀所拓，古雅静穆，真不啻在三代几席間也。

陳克明，字南叔，嘉道年間浙江海鹽人，布衣，工山水仕女，嗜古磚與錢幣收藏，與張廷濟、劉喜海、戴熙等爲金石交。據陳介祺所言，陳氏也係全形拓法的創始者，其與子陳畯曾受雇于劉喜海家從事傳拓。

陳畯，字粟園，長年客居濰坊，爲陳介祺傳拓古物，深得後者賞識。陳介祺晚年多追念之，數見于《簠齋尺牘》，如同治十一年（一八七二）十月二十五日致吴雲札中云：『尊齋必須延一能拓字之友，歸來每遇此等事，輒追念粟園不置。』光緒三年（一八七七）七月七日致吴大澂信中又感嘆道：『追憶粟園，豈可再得？』

以上徐康與陳介祺二説，孰是孰非，因文獻和拓本實物不足，目前尚難下定論。事實上，當時嘉興地區可謂傳拓高手輩出，擅長傳拓古物全形者也不乏其人，除了馬起鳳、僧六舟、陳畯等人外，還有張廷濟之侄張辛（受之），文獻提及其曾傳拓清儀閣藏史頌盤等。《清儀閣所藏古器物文》第一册載有商舉癸爵、父辛爵、父己爵等全形拓本多種，但未留有拓工姓名印鑒，據其旁道光二年（一八二二）張廷濟題跋推斷，大致也應拓于嘉道之交這一時期。

徐康《前塵夢影録》還提到六舟弟子李錦鴻：『陽湖李錦鴻亦善是技，乃得之六舟者，曾爲吴子苾、劉燕庭、吴荷屋、吴平齋諸老輩所賞識。』

李錦鴻，江蘇陽湖（今常州）人。吴雲在給陳介祺的信中曾提及此人：『南中雖不乏好事之人，然浮慕風雅者居多，迥非亂前可比，尋常捶拓器物止有兩人，一李錦鴻，較爲擅長，已作古。』由于文獻不足，其與六舟的師承關係已不可詳考。

李錦鴻之孀墨香者，亦擅全形拓法，常爲吴雲傳拓古物。江標在光緒四年（一八七八）的日記中曾記載：『午後同心淵出門，至干將坊觀李錦鴻家所拓銅器。有錦鴻之孀墨香女史，手拓各器尤精，若兩罍等器皆出渠手拓，他人莫及也。』褚德彝《金石學録續補》『李錦鴻』條目下則云：『李錦鴻，字墨香，江蘇陽湖人。不事女紅，好鐘鼎彝器文字，見六舟僧拓彝器全形慕之，竭力仿效，盡得其秘，東南收藏家古器，半爲女士手拓。』蓋後者誤將墨香與錦鴻視同一人也。

以六舟拓爲代表的早期全形拓本，對于當時的藏家和學者而言，無疑具有爲古物傳真留影的實用功能，絶非後世僅出于賞玩之目的。尤其是攝影技術出現和普及之前的拓本圖像資料，往往具有極高的學術史和傳拓史研究價值，尚期待金石學界能進一步加以收集與重視。

桑椹

《金石僧六舟拓商周兩漢彝器圖册》雜感

這帖圖册是我三十多歲的時候在關西某書店的古書目録上見到，然後打電話訂購而來的。記憶中和此帖大約同時、同樣途徑購得的還有書衣上有着美麗的茉莉葡萄木紋的烏金拓《雁塔聖教序碑》（清初拓本），當時雖然買下了這本六舟金石圖册，但實際上并没有充分認識到它的價值，只是覺得青銅器全形拓（或者説器形拓）的方方面面，以及清後期金石名家的題記跋文的書風很對自己的胃口而已。彼時我曾請一位早在『二戰』前就對金石收藏感興趣的方家過眼，但他也僅僅提到此册名家題跋衆多，并没有對真僞作出判斷。

金石大家陳介祺的識語赫然見于此帖卷首數人題記之後（圖二），此外卷尾也有一則，風格皆是清新齊整的精美小楷。此種小楷

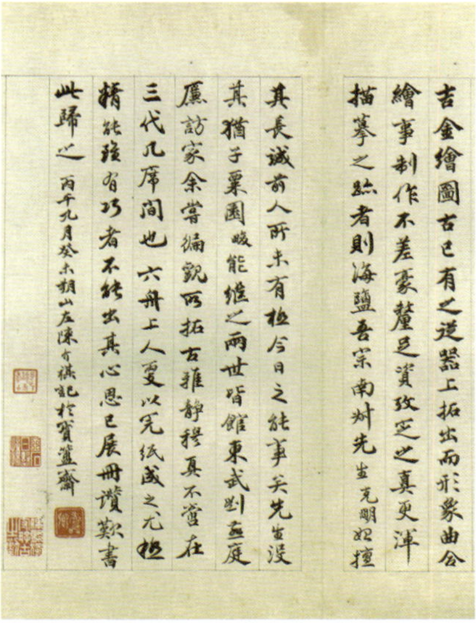
吉金繪圖古已有之遂器上拓出而形象曲公
繪事制作不差豪釐足資致遠之真更洋
描摹之然者則海鹽吾宗南村先生克明始擅
其長誠前人所未有極今日之能事矣先生沒
其猶子粟園跋能繼之兩世皆館東武劉燕庭
廉訪家余嘗徧觀所拓古雅靜穆真不啻在
三代几席間也六舟上人變以宛紙成之尤極
精能殆有巧者不能出其心思已展冊讚歎書
此歸之 丙午九月癸未朔山左陳介祺記於寶簠齋

（圖二）

與往常所見的陳介祺尺牘、金文拓片題跋、對聯等作品風格大不相同，不能不讓人深感疑惑，但我當時與書法界專門進行金石研究的大家們并無交流，因而也就無從請教。不過後來在搜集名碑法帖的影印資料及拓本，學習有關碑帖新舊、真僞等知識的過程中，意外找到了與此同一風格的陳介祺書法。那是在翻閱知名的天下孤本何紹基舊藏《張黑女墓志》（珂羅版）的時候，我注意到寫于墓志正文左側空白處的端麗小楷『此直似宋時氈蠟，明以後無此拓也。陳介祺。（朱文印「壽卿」）』（圖三）正是陳介祺手筆。比較之下，這一筆迹與六舟金石圖冊中所見當屬于同一人所書。此外，《張黑女墓志》卷末的衆多金石學家題跋之間另有兩行同樣書風的陳介祺跋文，文後鈐有少見的六字朱文閑章『予性顓而耆古』（圖四），

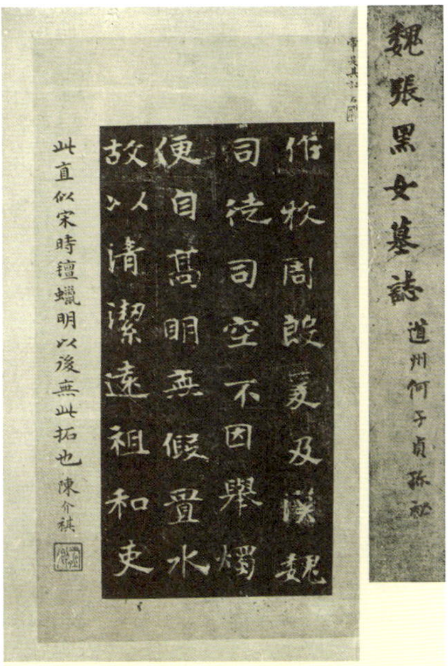

（圖三）

六舟金石圖冊　張黑女墓志本
陳介祺閑章“予性顓而耆古”比較
（圖四）

而這一閑章同樣見于六舟金石圖冊。這樣一來我已基本確信這正是陳介祺壯年時期的筆迹，這種端麗的楷書風格我在此之前幾乎未曾見到。金石拓片題跋中的常見者大多是陳介祺日後經歷了相當大變化的字迹（圖五），由此我重新意識到，或許陳介祺壯年時期的書法特色正是這種爲了科舉應試而生的端正華麗的館閣體楷書風格。

六舟金石圖冊的主體內容是青銅器，而除了能够將青銅器等器物的整體器形立體拓出的全形拓外，六舟還留下了衆多優秀的拓本及書畫作品。六舟精于金石古物書畫的鑒別，同時還擅長金石銘文的取拓，特別是用于古銅器等的全形拓技法尤爲出衆，在嘉慶道光年間留下了不少杰作。著名的懷素《草書千字文》墨本也是六舟的舊藏，此帖全形拓圖冊同樣曾爲六舟所有，兩者中都可見到吴汝庚與齊彦槐的題籤及跋文。此外，《草書千字文》卷末《拜素圖》中的六舟肖像也與此帖所見極爲相似，因此我也逐漸意識到了此帖的珍貴。

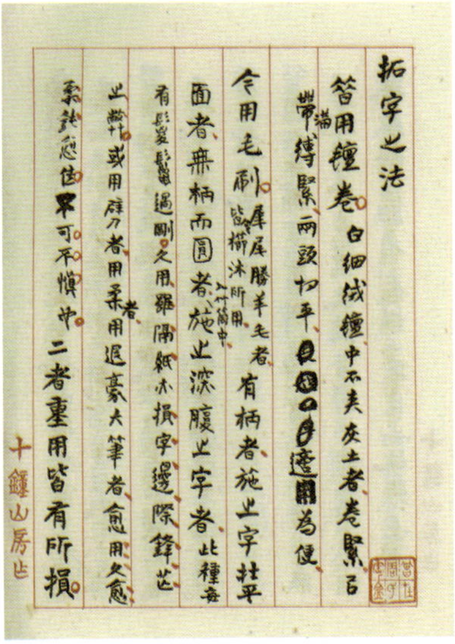

（圖五）

八年前，我從每年都會到訪日本的北京友人那里獲贈了一本書，那是當時浙江省博物館舉辦的『六舟——一位金石僧的藝術世界』展覽的圖録（圖六）。原來友人來日本前先去了杭州看展，因爲以前曾見過我收藏的這一帖六舟金石圖册，所以特别購買了一册相贈以供我參考。浙江省博物館這次特别展的展期從二〇一四年十月末持續至次年一月末，圖録全部彩印，約三百頁。從圖録上來看，該展按『傳拓』『書法』『繪畫』『篆刻』『鑒藏』『著述』六個版塊對清朝後期金石僧六舟的成就進行了集大成式的展出。六舟傳拓作品中最爲聞名的全形拓置于圖録之首，其次是書法與繪畫。圖録收羅的傳拓作品頗多，占了百余頁。圖録的開始部分還收集了以北京故宫博物院、中國國家圖書館爲主的不少國家收藏機關的藏品，卷首刊登有本次展覽及圖録主編、浙江省博物館桑椹先生題爲《六舟與早期全形拓》的十頁論文，正文每幅圖版下附有簡略的解説，真可謂是包羅了金石僧六舟一生的功績。此後，我多次翻閱這本圖録，像運用

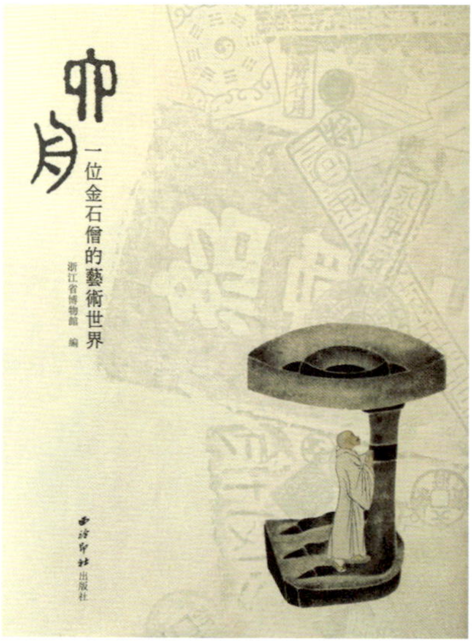

（圖六）

大量篇幅進行介紹的《百歲圖》（圖七）這樣將瓦當、磚文、古錢等器物大量堆叠取拓的作品此前聞所未聞，無論幾度過眼都讓人瞠目結舌。而圖録中的全形拓不乏與六舟金石圖册相同的青銅器拓，但却鮮見六舟曾經交游往來的同一時代人物的題跋。我愈發意識到家藏本有着不遜色于圖録所收作品的價值。

浙江省博物館自二〇一六年起逐年舉辦『金石書畫』展，同時刊行由桑椹先生主編的大型圖録。展覽每年定一主題，持續進行着碑帖、書畫、文獻三個領域的展出。我有幸自第一期起即作爲學術顧問參與其中，因而獲贈了每一期

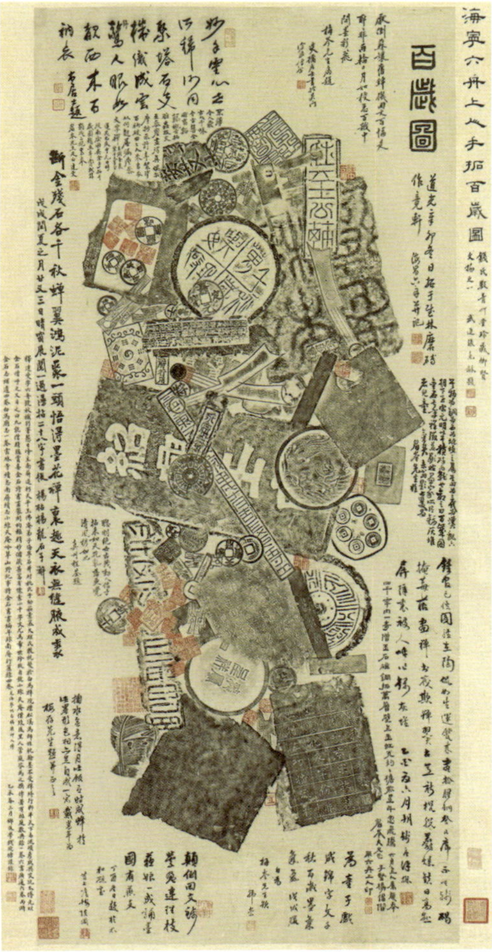

（圖七）

的《金石書畫》圖録，收獲了許多珍貴的參考資料。也正是藉此交流的機會，去年我和桑椹先生談及六舟的話題，順勢將所藏六舟金石圖册的數據相送，幸運的是桑椹先生對此展現出了濃厚的興趣，更在《金石書畫》第五期上將此圖册進行刊登。

要對此六舟金石圖册進行解説，除了金石專家桑椹先生以外我想不出更加合適的人選。此次能由桑椹先生親自執筆，我實感喜不自勝。

伊藤滋于木鷄室

图书在版编目（CIP）数据

六舟拓商周兩漢彝器全形圖 / 寶玥齋編. --杭州：西泠印社出版社，2023.7
ISBN 978-7-5508-3844-4

Ⅰ.①六… Ⅱ.①寶… Ⅲ.①青銅器(考古)—拓片—中國—清代—圖集 Ⅳ.①K876.412

中國版本圖書館 CIP 數據核字(2022)第 154624 號

六舟拓商周兩漢彝器全形圖

寶玥齋 編

出品人 江吟
策劃 寶玥齋
封面題籤 伊藤滋
責任編輯 來曉平 傅雁馨
責任出版 馮斌强
責任校對 曹卓
裝幀設計 颜慧林
出版發行 西泠印社出版社
（杭州市西湖文化廣場三十二號五樓 郵政編碼 三一〇〇一四）
經銷 全國新華書店
製版 福州市寶玥齋文化傳播有限公司
印刷 泉州智睿印務有限公司
開本 八八九毫米乘一一九四毫米 十二開
字數 一〇〇千
印張 十四
印數 〇〇〇一—一〇〇〇
書號 ISBN 978-7-5508-3844-4
版次 二〇二三年七月第一版 第一次印刷
定價 柒佰陸拾圓

版權所有 翻印必究 印製差錯 負責調換

西泠印社出版社發行部聯繫方式：（〇五七一）八七二四三〇七九

ISBN 978-7-5508-3844-4
9 787550 838444 >
定价：760.00圆

西泠印社出版社
官方微信